27
n
546

FEU
M. DUPIN

PAR

M. URBAIN LEGEAY

PROFESSEUR HONORAIRE DE LA FACULTÉ DES LETTRES DE GRENOBLE,
MEMBRE CORRESPONDANT DES ACADÉMIES ET SOCIÉTÉ SAVANTE DE LYON,
DE DIJON ET DE TOURS.

Nil actum reputans, si quid superesset agendum.

(Lucain.)

PARIS

HENRI PLON, IMPRIMEUR-ÉDITEUR

10, RUE GARANCIÈRE

1867

FEU M. DUPIN

Nos voisins de la Grande-Bretagne sont louables à beaucoup d'égards, mais en un point surtout : ils savent dignement honorer leurs grands hommes. On doit leur rendre cette justice. Ils entretiennent ainsi chez eux le feu sacré du patriotisme. Là, qu'un homme se signale par quelque éminent service, vous êtes sûr de rencontrer son image à Londres, dans le pays qui lui a donné le jour, et vous la retrouvez à l'Exposition universelle.

Un des derniers jours du mois de juillet, lorsque, avec cette idée toute naturelle qui fait l'éloge du peuple anglais, nous examinions à l'Exposition ces figures britanniques qui nous étaient d'ailleurs connues, un gentleman nous aborda et nous demanda si nous savions où était la statue ou le buste de M. Dupin, que la France a récemment perdu. Il témoigna gracieusement son étonnement de ne pas voir figurer parmi tant d'autres célébrités cet homme, l'un des plus justement célèbres de son siècle, celui même qui, à l'Exposition universelle de 1855, avait eu mission de féliciter M. Denison, président de la Chambre des communes.

M. Dupin, en effet, est aux premiers rangs des hommes dont la France doit le plus s'honorer. Pendant les cinquante ans qui viennent de s'écouler, il ne s'est rien fait d'utile et de grand qu'il n'y ait eu beaucoup de part. L'étude de sa vie parlementaire serait celle de la politique de la France depuis

1815. Il faut la chercher dans le *Moniteur* et dans les quatre volumes de ses consciencieux Mémoires.

Son mérite comme jurisconsulte, déjà solennellement loué devant la Cour de cassation par le Procureur général son successeur, est encore plus complétement expliqué par les onze volumes de la belle collection de ses plaidoyers, réquisitoires et discours de rentrée, où les plus graves questions du droit en général et de la législation nouvelle sont approfondies, où elles sont éclairées par de savants rapprochements avec la jurisprudence antique et avec celle des temps féodaux.

Citons un seul fait : On n'avait jamais pu parvenir à mettre un frein au duel; Richelieu et Louis XIV l'avaient tenté en vain; le Code n'en parlait pas. M. Dupin vit dans le duel un acte qui, en cas de mort ou de blessure grave, impliquait la responsabilité de l'auteur du fait et des témoins; et non-seulement il soutint cette doctrine devant la Cour de cassation déjà engagée en sens contraire par plusieurs arrêts antérieurs, mais il vint à bout de la faire prévaloir. Ce fut un bienfait. On sait que depuis lors les duels ont été beaucoup plus rares. On se modère devant la nécessité de rendre compte de ses actes aux tribunaux, et d'avoir peut-être une famille à nourrir. Il nous a toujours semblé que ce succès judiciaire était une des plus belles actions de la vie de l'illustre jurisconsulte, et l'opinion publique en a été vivement impressionnée.

Homme d'action, on l'a vu à la tête de toutes les améliorations réellement généreuses. Il ne cessa d'être membre du conseil supérieur de l'instruction publique; et, toutes les fois que l'Université fut attaquée, il monta à la tribune pour la défendre. Il a profité de sa haute position pour donner une puissante impulsion aux institutions nouvelles qui lui semblaient propres à propager de plus en plus l'instruction dans toutes les classes de l'ordre social et à augmenter le bien-être du plus grand nombre : il a même très-souvent pris l'initiative des améliorations, comme il l'a particulièrement fait quand il s'est agi de former à Paris pour l'enseignement élémentaire une société qui a servi de modèle à celles de province; et quand il a si bien organisé les comices de son arrondissement de la Nièvre, qu'il en est résulté pour la vie agricole de grands avantages, et que tous les autres départements n'ont rien eu de mieux à faire que de prendre la Nièvre pour modèle. Dans les discussions de la tribune et des académies dont il faisait partie, on trouverait difficilement un sujet important auquel il n'ait ajouté ses propres réflexions.

Puisqu'un étranger s'est ainsi préoccupé de l'absence de M. Dupin dans une galerie où il *eût dû* avoir sa place, qu'il nous soit permis, à nous qui avons eu le bonheur de vivre avec lui dans une certaine intimité, de retracer quelques-uns de ses caractères comme écrivain. On aime à le voir constamment fidèle à la grande école dont Cicéron s'est constitué le législateur, ne prenant nul souci d'offrir son encens aux nouveaux autels que quelques adeptes plus aventureux auraient voulu fonder. Sur ce point, il nous donne lui-même sa profession de foi dans son cinquième volume, intitulé *Travaux académiques*, et publié par son éditeur habituel, M. Henri Plon :
« A quelques efforts d'un goût bizarre et forcé, dit-il, oppo-
» sons en chaque genre de composition ces chefs-d'œuvre dont
» le type éternel sera toujours dans l'étude intelligente de la
» nature et du vrai. Cette règle est la plus sûre ; elle ne vieillit
» point, elle n'est point opposée au progrès. »

Du reste, mettant toujours dans l'expression de sa pensée beaucoup d'ordre et de méthode, sa disposition et ses plans ne varient qu'autant que l'exigent les circonstances et la matière. Son style, semé de mots heureux et piquants, porte l'empreinte d'une verve gauloise légèrement rabelaisienne, toutes les fois que le sujet le permet; et ce qui, au-dessus de ce caractère fort distinctif, y domine encore, c'est une précision, une clarté que personne n'a jamais surpassées. Il montre ainsi de quelle manière on peut rester original, sans s'éloigner des principes que l'expérience des grands maîtres a établis comme autant de règles de l'art.

Dans son volume de 1862 que nous venons de citer, M. Dupin dit nettement à la Préface, p. vii : « Je n'ai pas la » vanité de me donner pour un homme de lettres. Ma profes- » sion est tout autre, et je ne voudrais pas m'exposer au » désaveu de ceux à qui, par leur talent supérieur dans l'art » d'écrire, ce titre doit être exclusivement réservé. » Et cependant que d'œuvres remarquables sont sorties de sa plume ! quelle profonde connaissance on lui voit des convenances diverses du style !

Toujours et partout il avait le langage qui convenait le mieux à la circonstance, il avait l'éloquence qui saisit tout le monde. Avec lui la profondeur de la pensée et le bon sens le plus exquis ne perdaient rien à être exprimés simplement. On l'a fort bien dit au sein de l'Académie : « Quelle diction » franche, aisée, naturelle ! » Et aussi, quand il le fallait, quelle ampleur il savait lui donner ! Un signe le caractérise, et ce n'est pas seulement le tour épigrammatique de son expression : qu'en sa présence quelqu'une de ses idées fût heurtée d'un choc étranger, la repartie jaillissait immédiatement comme l'éclair ; et pourvu que la discussion se soutînt, sa physionomie s'animait et son attitude devenait celle que Pradier a donnée à la statue de Cicéron sous la toge romaine.

Jurisconsulte, il connut au plus haut degré toutes les ressources, toutes les habiletés, toutes les nuances de l'éloquence du barreau. On en peut juger par ses plaidoyers, qui ont délivré ou consolé tant d'hommes éminents, tant de familles affligées ; morceaux véritablement inspirés, où, à force de réclamer la *libre défense des accusés* à une époque où elle était contestée, il finit par la faire accepter comme un droit irréfragable. On a compris toute l'importance d'une telle conquête. Sa popularité, fondée sur cette base solide, n'a cessé de s'étendre ; et c'est avec raison, car en défendant contre les passions politiques l'inviolabilité des personnes et le droit commun, il défendait la liberté dans la meilleure acception du mot.

La liberté sous la loi ! disait-il; la loi, en effet, serait toujours une ancre de salut, si les passions humaines n'étaient parfois plus fortes qu'elle, au point de lui imposer silence; toutefois, sa puissance est réellement accrue, quand les voix les plus autorisées invoquent son autorité comme un grand principe.

Faut-il conclure de là que M. Dupin fût né pour briller seulement dans les jours de calme et de sérénité légale ? Au contraire, soit au barreau, soit au sein des assemblées délibérantes, c'est au milieu des bourrasques et de la tempête qu'il semblait avoir le plus d'énergie et de présence d'esprit. A de tels signes se reconnaissent les âmes fortement trempées. Ceux qui l'ont vu présider dans les moments les plus orageux en face de la Montagne peuvent en dire leur avis. Le peuple de Paris en a gardé bon souvenir et l'a témoigné en accourant à ses funérailles. De tels caractères sont la meilleure garantie contre les surprises d'une révolution. Aussi, en parlant de sa présidence, son successeur à l'Académie a-t-il dit : « Il fut » égal à toutes les difficultés comme à tous les devoirs de » cette grande fonction, alors que les difficultés étaient des » extrémités, les devoirs des périls. » Il fut, à vrai dire, un nouveau Boissy d'Anglas.

Député, depuis les plus hautes considérations politiques jusqu'aux plus simples questions d'intérêt local, à tous les degrés de l'éloquence délibérative telle que Cicéron l'a si bien décrite, il s'est signalé par cette puissance de logique, par cet irrésistible bon sens qui conduisent droit à la persuasion. Les exemples abonderaient si la nécessité d'être court nous permettait de telles citations. On peut affirmer que nul n'eut plus de succès, et que dans nos grandes assemblées il n'a pas été mis en délibération un seul intérêt majeur, que le pouvoir et les partis politiques n'aient pris son opinion en très-grande considération.

Quand il présida la Chambre, il monta moins souvent à la

tribune, mais, pendant ses longues années de présidence, quelles preuves ne donna-t-il pas de la fermeté de son caractère et de l'élévation de son esprit !

Économiste, son expression, lorsqu'il présidait les comices, tantôt à Clamecy, tantôt à Lormes ou à Corbigny, toujours dans le Nivernais, était si bien appropriée à son auditoire et prenait sur ses lèvres une forme si saisissante, si pittoresque, que ce langage naturel captivait d'abord l'attention générale à cause de l'ascendant intellectuel qu'on lui reconnaissait, et se gravait immédiatement dans les esprits. Ainsi, tout en traitant des sujets qu'on abordait partout ailleurs, non-seulement il les expliquait avec une sagacité, un à-propos, une profondeur que personne ne surpassait, mais encore il créait un genre de diction tout nouveau, qui peut-être mériterait le nom d'éloquence agricole. C'est cette gracieuse simplicité qu'Horace avait en vue, quand il dit : « Vous » jugerez d'abord qu'il est facile d'en faire autant ; essayez, » vous êtes détrompé. »

Positif comme il était, et peu partisan de ces pompeuses formes de style qui cachent le vide, l'éloge devait prendre sous sa plume ces dehors de sincérité et ces formes précises que l'on a toujours remarqués au barreau, à la tribune et à la Cour de cassation, chaque fois qu'il y a porté la parole.

Pour qui se serait tenu dans la région des idées générales, l'éloge d'un grand naturaliste son prédécesseur n'eût pas été d'un plus difficile accès que tout autre ; il dut en être autrement pour celui qui ne fit rien à demi, et qui eut à cœur de bien caractériser son héros. Pour arriver à Cuvier, M. Dupin remonte à l'origine de l'Institut, en 1796, époque où l'illustre savant était déjà depuis un an membre de la commission des arts et professeur à l'École centrale du Panthéon.

Vouloir louer Cuvier, c'était entreprendre de traiter du mouvement scientifique au commencement du dix-neuvième siècle, et, dans l'ordre des sciences naturelles, de caractériser des œuvres telles que le Tableau élémentaire de l'histoire des animaux, la grande collection anatomique et la bibliothèque du Muséum, le Rapport historique sur le progrès des sciences naturelles depuis 1789, qui fut solennellement présenté à l'Empereur par son savant devancier, déjà secrétaire perpétuel de l'Académie des sciences. Il fallait encore apprécier ses premières leçons sur l'anatomie comparée, laquelle dès lors devint une science nouvelle, et fut par ce grand initiateur portée si loin, qu'elle donna lieu à une classification zoologique plus complète; en sorte que le savant professeur put expliquer comment la forme et la nature d'un animal dont l'espèce serait perdue peuvent être théoriquement reconstituées à la seule inspection d'une de ses parties constitutives.

Bien que ces sujets fussent étrangers à ses études spéciales, M. Dupin les aborda sans détour; et, avec une grande sûreté de coup d'œil, il en montra toute l'importance.

Cuvier n'était pas seulement un savant de premier ordre. Quand Napoléon voulut en 1802 organiser l'instruction publique, « il nomma Cuvier un des inspecteurs généraux « chargés d'établir des lycées dans les trente principales villes « de France. » Il fut ensuite conseiller de l'Université, et sa mission en 1808 et 1809 fut étendue aux pays nouvellement réunis à l'Empire. Outre ces services administratifs, Cuvier enseignait, comme tous les hommes de génie, avec une grande distinction de langage; et lorsqu'il parut à la tribune comme ministre ou comme commissaire du gouvernement, il s'y fit remarquer par l'exposition lucide, nette, précise, souvent éloquente, de ses idées et de ses vues, toujours d'accord avec une haute et saine raison.

C'est par là sans doute, et par la distinction de son enseignement, qu'il méritait d'appartenir comme Biot à l'Académie française. M. Dupin fit très-bien ressortir tous ces genres de mérite; mais on conçoit que, pour un homme qui avait grandi comme jurisconsulte, l'appréciation d'une gloire si profondément scientifique dut être épineuse.

Le génie de M. Dupin savait se plier à tout. Il parla des

sciences naturelles et de la confraternité des sciences entre elles comme si toute sa vie il n'avait étudié autre chose. Cuvier avait été éloquent dans son enseignement, comme M. Dupin savait l'être lui-même dans ses remarquables improvisations et dans ses répliques du barreau. Outre l'universalité des connaissances et l'élévation des pensées qui leur étaient communes, le succès dans ce qu'il appelle *l'action délibérée de la parole* était le vrai lien qui les unissait l'un à l'autre, et par l'étude de cette faculté précieuse, on sent que l'illustre bâtonnier entre dans son propre domaine.

Quelles pages, en effet, que celles qu'il écrit alors (30 août 1832) sur l'improvisation! Comme il en détermine bien l'utilité, l'à-propos, les conditions! Qui voudra, sans être préparé sur les mots, développer heureusement sa pensée, même au milieu des plus vives interruptions, devra sentir vivement, *bien connaître les choses,* être soutenu par la conscience du bien. Alors « il rencontrera des hardiesses qui ne viendront » pas trouver un homme moins fortement excité. Dégagé de » toutes les incertitudes, dit-il, l'orateur retrouvera l'arme du » regard. Libre dans son allure, comme les cavaliers numides » qui montaient à cru et sans frein, il luttera corps à corps » avec son auditoire. » Il n'oublie rien. Il sait que cette puissance doit aussi être réglée par la sagesse. L'orateur digne de ce nom « ne voudra pas plus proférer une mauvaise maxime » que commettre une mauvaise action »; puisque la parole et la presse doivent avoir le même but, c'est-à-dire le vrai, le juste et le bien.

Le 21 janvier 1840, M. Dupin lut à la docte assemblée, dont il était encore directeur, l'éloge du duc de Nivernais, l'un des quarante de l'Académie; éloge qui lui était échu, ainsi que celui de Malesherbes. Que d'avertissements plus ou moins directs on peut découvrir dans ce morceau! M. de Nivernais, en effet, était entré dans le conseil en 1783, introduit par M. de Vergennes. Le duc lui-même, dans ses œuvres, avait insisté sur l'importance et la difficulté de bien choisir les chefs de l'admi-

nistration. On citait de lui ces mots : « Les choix bons ou
» mauvais font la destinée bonne ou mauvaise des États. » Il
avait dit aussi de Louis XIV : « Les grands hommes qui avaient
» servi l'État pendant quarante ans étaient remplacés par des
» pygmées. Le prince avait cru qu'il les élèverait jusqu'à sa
» mesure, et ils l'abaissèrent jusqu'à la leur. »

Là se trouvent tracés de main de maître les portraits du diplomate et du ministre des affaires étrangères comme M. de Talleyrand les comprenait; et M. Dupin a vu dans son illustre compatriote non-seulement le grand seigneur aimable et spirituel, mais un homme grave, sérieux, capable d'affaires; « un sage qui, sans heurter la corruption de son siècle, avait » su s'en garantir. » Ici comme toujours, il dira ce qu'il pense de toutes les injustices : « Le 27 septembre 1793, dit-il, » l'infâme Chaumette proposa à la Commune de Paris de faire » condamner cet homme si doux, et qui toute sa vie s'était » montré si généreux. »

Quand on arrive à l'éloge de Malesherbes, qu'il prononça le 5 novembre de l'année suivante, on se rapproche encore davantage du philosophe chrétien. Ici M. Dupin ayant à peindre un jurisconsulte de la race des Lamoignon, c'est-à-dire de l'ancienne famille des Parlements, est, on le sent, sur son propre terrain. Dévoué aux principes de la société nouvelle, décidé à retenir de 1789 tout le bien que la Providence en a fait sortir, il se reporte naturellement à une époque un peu antérieure, et il applaudit aux vues du réformateur.

Les conseils libéraux donnés par Malesherbes à Louis XVI étaient-ils les meilleurs? étaient-ils mûrs et réellement exécutables? eussent-ils conjuré la tempête révolutionnaire qui est venue ensuite? Plusieurs l'ont cru; on ne peut l'affirmer, car il est impossible, les faits ayant pris un cours différent, de préciser ce qui serait arrivé dans un système d'action tout opposé. Quoi qu'il en soit, les conseils du vénérable magistrat étaient sincères et désintéressés.

Malesherbes ne pouvait être loué par une voix plus sympathique. A l'étude des moyens qui peut-être auraient sauvé la dynastie à la fin du dix-huitième siècle ce tableau réunit un imposant spectacle : il montre la vertu aux prises avec l'injustice, avec la violence, et victime enfin du plus généreux dévouement. Malesherbes, en effet, comme M. Dupin lui-même, était le vrai type qu'Horace a si bien nommé :

Justum ac tenacem propositi virum.

L'appréciation de ce noble caractère fut pour M. Dupin une occasion de déplorer la mort de cet homme de bien, qui périt martyr de son zèle; de là, par une conséquence naturelle, il insiste pour démontrer l'injustice de la condamnation de Louis XVI, « d'abord parce qu'il ne méritait pas la « mort, ensuite parce que ceux qui le condamnèrent n'avaient « pas le droit de le juger. »

Puis, dans le même ordre d'idées, vous le verrez, pour répondre aux raisonnements captieux d'un écrivain de race juive, démontrer, dans une publication à part, que, même suivant les lois et les coutumes judaïques, le Sauveur fut injustement condamné. Plus récemment encore, quand un écrivain français, sous des formes plus adoucies, est arrivé aux mêmes conclusions que Salvador, il publie une nouvelle édition de sa *Révision du procès de Jésus-Christ;* et, de peur sans doute que son intention ne soit pas suffisamment comprise, il y ajoute une préface de circonstance où son dessein est clairement marqué; tant il était dans sa nature de protester contre toute grande injustice!

On a prétendu qu'il avait fait cela *par passion pour la légalité.* Dans tous les cas, ce serait une passion louable; mais il eut un motif plus élevé. A la lecture de certains livres un peu romanesques, il a mesuré l'étendue du mal qu'ils pouvaient faire; son cœur d'honnête homme et de chrétien s'est révolté, et il a voulu ainsi par la raison venir en aide à la foi. Voilà la vérité.

Cette vive répulsion pour toute iniquité soutenue par la force ou par de calomnieuses connivences, lui faisait ainsi rechercher jusque dans l'histoire les méfaits du passé. Il trouvait que, faute d'une étude assez attentive des faits, des temps et des grands intérêts sociaux, certains hommes d'État avaient été surfaits par nos historiens, et que plusieurs règnes, ceux, par exemple, de Philippe IV, de Louis X et de Louis XI, avaient été systématiquement maltraités.

C'est à cette répulsion qu'il faut attribuer les bonnes inspirations dont l'opinion publique a été si souvent émue, les généreuses paroles qu'il a prononcées en toute grave occasion, particulièrement dans la défense de Ney et lors de l'inauguration de la statue du maréchal, ainsi que cette imposante maxime : *Sub lege libertas,* adage précieux qu'il sut si bien faire respecter, lorsqu'au milieu des flots politiques le trident de Neptune était dans sa main.

C'est encore à ce principe qu'est due la féconde initiative de M. Dupin, soit pour la répression du duel, « ce reste des barbares coutumes du moyen âge », soit pour favoriser les reprises de la femme mariée, et enfin pour l'utile solution de beaucoup d'autres questions fort graves qu'il serait long d'énumérer, mais dont tous les notaires et tous les hommes de loi ont gardé le souvenir.

Respecter la loi, la perfectionner quand on le peut, procurer la liberté et le bien-être aux autres sous son égide, enfin servir le pays de tous les moyens dont on se sent doué par la Providence, et cela en dépit des révolutions dont on n'a point été cause, tels furent ses principes. Sous quelque forme que se produise son éloquence, ces mobiles de sa conduite reparaîtront toujours. Ils pourront varier pour l'expression; pour le fond, jamais!

L'homme de bien qui avait en soi un tel sentiment de la justice, qui voyait dans Malesherbes la plus noble expression du jurisconsulte, qui parlait avec une si profonde estime de Michel de l'Hôpital et de Boissy d'Anglas, qu'à beaucoup d'égards il devait leur ressembler, devait aussi comme bâtonnier donner à ses confrères du barreau les plus sages enseignements sur l'exercice de leur profession. Qui donnera conseil aux matelots prêts à s'embarquer sur une mer orageuse, sinon le navigateur qui en a parcouru et signalé les écueils?

Qu'on lise son discours sur les études et les devoirs de la carrière d'avocat; jamais peut-être on n'a réuni en si peu de mots plus d'utiles préceptes. Il faudrait remonter jusqu'à Quintilien et à Cicéron pour trouver une doctrine aussi lumineuse et aussi pratique. Comme tous ceux de ses devanciers qui ont écrit et médité sur l'éloquence judiciaire, il veut que le jeune avocat s'y prépare par de fortes études littéraires, par une saine philosophie, par la contemplation des modèles antiques d'Athènes et de Rome, en cultivant le goût du bien et du beau, et plus particulièrement en prenant pour exemple et pour guide quelque éminent patron, comme les jeunes patriciens en trouvaient toujours parmi les Scévola de leur temps.

Tout en souhaitant aux jeunes avocats une philosophie vraie, non systématique, et une profonde connaissance des lois, M. Dupin veut aussi que leur goût se forme loin des écarts dont la mode abuse. Que veut-il qu'on aille chercher aux époques les plus reculées de l'antiquité grecque et romaine, et même au moyen âge, dans les harangues et les écrits des légistes le plus justement renommés, tels que Servin, Omer Talon, Bodin, Guy Coquille, Loiseau, Dumoulin, et pourquoi veut-il qu'on les étudie malgré le ton suranné de leur diction? C'est que les nobles sentiments ne vieillissent pas et qu'ils sont toujours la vraie source de l'éloquence; c'est que Démosthène et Cicéron seront toujours de magnifiques modèles, et malheur à qui ne les aurait pas connus! c'est qu'il s'agit moins pour le jeune avocat de se créer une parole flexible et dorée, que d'être réellement persuasif; de prendre en soi l'empreinte de ces beaux caractères; de se former comme eux à la pratique des affaires, et d'être non-seulement le discoureur ingénieux et disert, mais surtout l'orateur homme de bien et de bon goût.

Lui aussi fut jeune. N'oublions pas de dire que dès lors il

donnait aux étudiants ses condisciples l'exemple du plus opiniâtre travail ; que vers la rue de Bourgogne ses amis signalaient une petite croisée très-élevée où la lumière était encore allumée fort avant dans la nuit. Là fut son point de départ, là aussi fut son but final; car c'est à Sainte-Clotilde, comme on sait, que furent prononcés pour lui les vœux suprêmes !

Comme les autres, et il se plaît à le rappeler à ses collègues, M. Dupin eut besoin de patronage et d'appui. Il saisit cette précieuse occasion de se montrer reconnaissant envers ceux qui furent ses anciens guides et ses maîtres, envers les Henrion de Pansey, les Delacroix-Frainville et les plus respectables de son ordre, surtout à l'égard de son père ; et il la saisit avec tant d'empressement et d'à-propos, qu'on pourrait penser que ce fut là le principal objet de son discours.

Le bien, heureusement, ne reste pas toujours pour nous à l'état abstrait. Il se révèle quelquefois à nos yeux sous la forme humaine, et parfois il est à côté de nous sans être trop aperçu. Pour nous en offrir le type, M. Dupin n'ira pas le chercher dans les palais ; il le découvrira sous la bure. Lorsque, le 11 décembre 1845, il prononce comme directeur de l'Académie son discours sur les prix de vertu, voyez avec quelle verve il relève la modeste charité d'une femme héroïque qui, tout en se résignant à éprouver elle-même les rigueurs du besoin, a trouvé le secret de donner beaucoup en ne possédant rien, et d'être pour les pauvres vieillards une seconde Providence.

Telle fut en effet Jeanne Jugan, dont il résume l'histoire édifiante. « Sainte fille, lui dit-il, dans ce panier que vous por-
» tez sans cesse à votre bras infatigable, l'Académie dépose la
» somme dont elle peut disposer. Elle vous décerne un prix
» de trois mille francs. » Tel fut le premier encouragement des Petites-Sœurs des pauvres.

Comme tous les grands hommes, M. Dupin a eu des détracteurs. Il est vrai qu'à la façon du *Moniteur* il enregistre dans ses Mémoires les signes d'adhésion qui sont donnés à ses paroles. Cette chicane est puérile. Évidemment il présente ces applaudissements et ces approbations comme des pièces justificatives, comme des témoignages de l'esprit du moment et de la sympathie qui existait entre sa pensée et l'opinion publique.

On lui a objecté ses services sous le nouvel Empire. Il réfute cela par anticipation, quand, répondant le 30 décembre 1840, comme directeur de l'Académie française, au discours de réception de M. Molé, qui fut ministre sous plusieurs gouvernements, il lui dit : « Vous avez tenu les sceaux de l'État » sous l'Empire... je ne comprends pas, surtout avec les idées » actuelles, comment on pourrait blâmer le dévouement per- » sévérant à l'État, la constance à le servir, lorsque par des » fautes dont on n'est pas solidaire un gouvernement s'est » perdu. » Peu d'années auparavant, en 1831, M. de Chateaubriand disait aussi dans son livre *De la monarchie élective* : « Si toutes les fois qu'un monarque tombé il fallait que » tous les individus grands et petits tombassent avec lui, il » n'y aurait plus de société possible. »

M. Dupin, il est vrai, s'était démis de ses fonctions, et les a reprises cinq ans après, quand elles sont devenues vacantes par la mort de M. Abatucci. Si les motifs de sa démission n'avaient pas disparu, il est certain qu'ils avaient été modifiés à quelques égards, et qu'une sorte de satisfaction avait été accordée. Dire que les choses étaient dans le même état serait tout à fait inexact. Il faut ajouter que madame Dupin n'était plus, que M. Dupin se sentait encore la force de servir utilement son pays, et que parmi ses plus beaux réquisitoires figurent ceux qu'il a faits depuis cette époque. C'est un acte de dévouement : il a voulu le continuer jusqu'à la fin ; et en effet, jusqu'à son dernier jour, toutes ses forces ont été au service de la patrie.

Dans ses deux dernières années, malgré les avertissements de ses médecins et les sollicitations plus ou moins directes de ses amis, il ne voulut point faire trêve à ses laborieuses fonctions ; et cependant elles exigeaient de lui des efforts et une surexcitation désormais au-dessus de ses forces.

Il n'eut de repos que les simples vacances qui lui étaient accordées comme aux autres magistrats. Pendant ces courtes semaines, il ne restait point inactif dans sa campagne de prédilection. Là, entouré de ses livres et de ses notes, il ne cessait de travailler à ses Mémoires. Il nous écrivait encore en 1864 :

« Mon cher voisin,

» J'espère bien que vous viendrez comme vous me l'avez promis, et que vous ne tarderez pas. J'ai réuni les matériaux pour un dernier volume de mes Mémoires, et cette besogne avance.

» Adieu, tout à vous,

» DUPIN. »

Voilà comment M. Dupin se reposait. Sa maladie de cœur a fait de nouveaux progrès. Il lui a fallu renoncer à ce travail. C'est le sillon que le laboureur laisse inachevé. Les autres ne manqueront pas de porter leurs fruits, et seront une précieuse mine pour l'histoire.

A Raffigny, où il nous a été donné de passer auprès de lui quelques-uns de ses derniers jours avec plusieurs de ses parents, on le voyait respecté de tous comme le bienfaiteur du pays, et donnant à tous le bel exemple d'une vie sans cesse occupée. Comment n'y eût-il pas été entouré des marques de la reconnaissance et de la vénération publiques! Par ses soins, le département avait été percé de belles routes, et pour ainsi dire transformé. Il se rendait serviable et accessible à tout le monde. Ceux qui autour de lui occupaient quelque utile emploi, recevaient chez lui l'accueil le plus empressé. Au reste, ses goûts le portaient constamment à la simplicité. Ainsi que les hommes supérieurs, il se plaisait particulièrement au milieu des villageois, et il aimait à se reposer des soins de la représentation au sein d'un petit cercle de parents ou d'intimes.

Aussi là sa mémoire est-elle chère à tous. Le décret de l'Empereur qui autorise l'érection d'une statue de M. Dupin à Varzy, lieu de sa naissance, a satisfait à un vœu universel. L'homme de génie qui s'est associé à toutes les gloires de ses contemporains, qui a pris part aux hommages rendus par Strasbourg à Gutenberg, par la ville de Paris à Ney, à Maret et à tant d'autres, aura, lui aussi, nous l'espérons, sa statue : il sera bientôt permis à ceux qui l'aiment de contempler ses traits déjà si fidèlement rendus par le ciseau de Rude ; car par son travail et par ses succès il s'est élevé aux premiers rangs des bienfaiteurs de l'humanité.

LEGEAY,
Professeur honoraire de la Faculté des lettres de Grenoble.

Paris, 25 juillet 1867.

Paris. Typographie de Henri Plon, imprimeur de l'Empereur, rue Garancière, 8.

PARIS. TYP. DE HENRI PLON, IMPRIMEUR DE L'EMPEREUR, RUE GARANCIÈRE, 8.

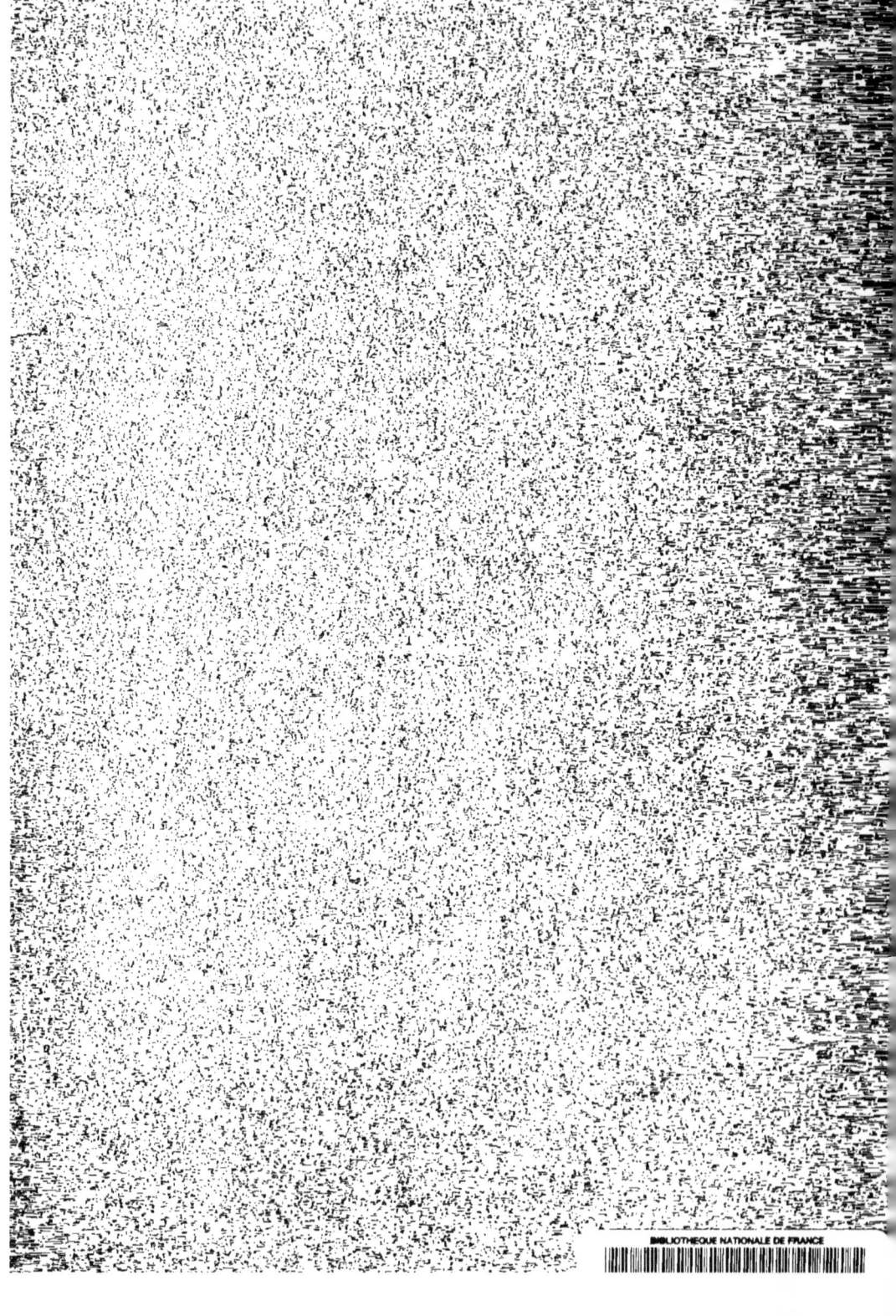